Juliane Linker

Abraham – Eine Weggeschichte aus dem Alten Testament

Ein fächerübergreifendes Projekt zu Abrahams Berufung, Verheißung und sein Vertrauen in Gott

ab Klasse 2

Kopiervorlagen mit Lösungen

BRIGG VERLAG

Gedruckt auf umweltbewusst gefertigtem, chlorfrei gebleichtem
und alterungsbeständigem Papier.

5. Auflage 2025

Illustrationen: Monika Mulzer
Layout/Satz: PrePress-Salumae.com, Kaisheim
Druck: Rausch Druck GmbH, Aindlinger Str. 14, 86167 Augsburg

ISBN 978-3-95660-**080**-7

www.brigg-verlag.de

Inhalt

I. Vorwort

II. Abraham – Eine Weggeschichte aus dem Alten Testament

III. Teil 1: Themen und Unterrichtsschritte (mit Lösungen)

IV. Teil 2: Stationentraining – Auf den Spuren Abrahams (mit Lösungen)

V. Kopiervorlagen/Materialien)

I. Vorwort

Zur Intention der Unterrichtseinheit

Die Geschichte Abrahams gehört zu den besonders eindrucksvollen biblischen Weggeschichten.

Die Kinder lernen Abraham, Sara, Lot und Isaak kennen und erfahren deren spannende Lebensgeschichte. Dazu gewinnen sie Einblicke in fremde Kulturen, Völker und Länder. Sie begleiten Abraham auf seiner weiten Reise durch die Wüste und erfahren Gott als seinen Wegbegleiter. Mit Mut, Glauben und Gottvertrauen erreicht Abraham mit seiner Familie das Ziel: das Gelobte Land Kanaan.

Die Geschichte des Abraham kann auch für uns wegweisend sein. Die eigene „Reise durch das Leben“ erfordert oft viel Kraft und Mut.

Analog zur Lebensgeschichte des Abraham kann Gott als Begleiter für den eigenen Lebensweg und als Wegbegleiter durch die Zeit erkannt werden. Wie Abraham damals können auch wir Gott in allen Lebenslagen vertrauen und unser Leben in seine Hände legen. Der Glaube an seine Güte und Allmacht sowie sein unbegrenztes Wissen geben Zuversicht und Halt. Auch Leid, Not und Enttäuschungen sollen uns nicht von Gott trennen. So ist der Abraham-Bericht zur Hoffnungs-, Vertrauens-, und Glaubensgeschichte für alle Zeiten geworden.

Die Person des Abraham ist in den drei Weltreligionen Judentum, Christentum und Islam bekannt. Seine Lebens- und Glaubensgeschichte kann in der Thora, im AT und im Koran nachgelesen werden. Obwohl zu Abrahams Zeit viele Gottheiten verehrt wurden, verdanken wir ihm den Glauben an nur einen einzigen Gott. Daher werden Judentum, Christentum und Islam als abrahamitische bzw. monotheistische Religionen bezeichnet. Allerdings hat jede Religion ihre eigene Sichtweise.

II. Abraham – Eine Weggeschichte aus dem Alten Testament

1. Hintergrundinformation zur Unterrichtseinheit

In der Thora, im 1. Buch Mose, wird die Geschichte des Abraham erzählt (s. Gen. 11,27 ff.). Abraham zählt zu den Stammvätern Israels. Ein Land und große Nachkommenschaft waren ihm verheißen worden. In seiner Treue zu Gott wird Abraham als Vater der Glaubenden bezeichnet. In Römer 4,18 schreibt Paulus: „Gegen alle Hoffnung hat er voll Hoffnung geglaubt, dass er der Vater vieler Völker werde …“

Abrahams Familie stammte ursprünglich aus der Stadt Ur in Chaldäa, dem Süden des heutigen Irak. Abrahams Vater war Terach. Terach hatte drei Söhne: Abraham (Abram), Nahor und Haran, dazu viele Töchter.
Abraham war verheiratet mit Sara (Sarai). Die Ehe war in dieser Zeit kinderlos. Harans Sohn hieß Lot. Nach dem frühen Tod Harans nahmen sich Abraham und Sara ihres Neffen Lot an.

Wir befinden uns in der Zeit zwischen 2000 und 1500 vor Christus.
Terach wanderte mit seiner Familie aus Ur aus, um in das Land Kanaan zu ziehen. Sie erreichten aber nur den Ort Haran (Charan). Dort siedelten sie sich an. Terach starb hier im hohen Alter.
Haran war eine bedeutende Handelsstadt in Mesopotamien, der heutigen Türkei. Hier kreuzten sich mehrere Karawanenwege und Handelsstraßen. Viele Menschen lebten als Nomaden. Die Wanderhirten zogen mit ihren Tierherden durch das Land auf ständiger Suche nach Weideplätzen. Dabei lebten sie in Zelten.
Auch Abraham besaß viele Schafe, Ziegen, Rinder, Kamele und Esel. Knechte und Mägde sorgten für seine Herden. Abraham war wohlhabend und wohnte in Haran in einem festen Haus. Mit ihm lebten seine Frau Sara, sein Neffe Lot, Verwandte und Freunde, Knechte und Mägde.
Eines Tages erhielt Abraham von Gott den Auftrag, seine Heimat zu verlassen und in ein fremdes Land zu ziehen, das er ihm zeigen würde. Abraham vertraute Gott und zog mit Sara und Lot aus Haran fort. Sie nahmen ihre Tierherden und den ganzen Besitz mit. Knechte und Mägde begleiteten sie. Es wurde eine lange, beschwerliche Reise durch Wüsten und karges Land. Trotz aller Risiken und Gefahren, Rückschläge und Prüfungen blieb Abraham mit Gott verbunden und erkannte in ihm einen Begleiter durch alle Lebenslagen.
Gott versprach Abraham fruchtbares Land, Kinder und Enkelkinder, so zahlreich wie die Sterne am Himmel und der Sand am Meer. „… und mit deiner Nachkommenschaft sollen sich als gesegnet bezeichnen alle Völker der Erde ...“ In diesem Versprechen ist versteckt die messianische Weissagung enthalten, die nach christlicher Sicht in Jesus Christus ihre Erfüllung findet (s. Galaterbrief 3,16).

Die biblischen Erzählungen „Hagar und Ismael“, „Sodom und Gomorra“, „In Ägypten“ würde ich in den unteren Jahrgängen ausklammern.

Die Person des Abraham ist in den drei Weltreligionen Judentum, Christentum und Islam bekannt. Seine Lebens- und Glaubensgeschichte kann in der Thora bzw. im AT und im Koran nachgelesen werden. In allen Schriften wird Abrahams Glaube an Gott, sein Gehorsam und Gottvertrauen hervorgehoben, und er wird „Vater des Glaubens“ genannt. Obwohl zu Abrahams Zeit viele Gottheiten verehrt wurden, glaubte er an die Existenz eines einzigen Gottes. Daher werden Judentum, Christentum und Islam als abrahamitische bzw. monotheistische Religionen bezeichnet. Allerdings hat jede Religion ihre eigene Sichtweise.
Während im jüdischen und christlichen Glauben Isaak als weiterer Stammvater genannt wird, gilt Ismael, der Sohn Abrahams und Hagars, als Stammvater der arabischen Völker.

2. Aufbau des Projekts:

Um eine fundierte Grundlage zu gewährleisten, führt **Teil 1: Themen und Unterrichtsschritte** weitgehend stringent und informierend durch die Unterrichtseinheit. Die Schüler lernen die biblischen Geschichten um Abraham und seine Angehörigen kennen und erfahren von deren Lebensweise und Lebensweg. Die Bibeltexte sind in kindgerechter Sprache formuliert. Das Lernen mit allen Sinnen wird gefördert und soziale Kompetenzen gestärkt. Die Fächer Sachunterricht, Kunst und Musik werden in den Religionsunterricht eingebunden. Methodische Hinweise begleiten die Stundenverläufe.

Im **Teil 2: „Auf den Spuren Abrahams"** steht das selbstständige Arbeiten an Stationen im Vordergrund. Dem Wegmotiv entsprechend „wandern" die Kinder auf einer „Lernstraße" von Station zu Station, von Oase zu Oase, um vielfältige Aufgaben zu lösen. Inhalte werden vertieft und neues kann erarbeitet werden. Lesen und Schreiben, Rätseln und Spielen, Singen und Musizieren, Malen und Basteln, Hören und Denken berühren unterschiedliche Lernkanäle und Neigungen.

Abwechslungsreiche Aufgabenstellungen wecken Interesse und bereiten Freude an der Ausführung. Jedes Kind kann seinen eigenen Weg wählen und in seinem eigenen Tempo arbeiten. Die Arbeitsblätter können selbstständig gelöst werden und eignen sich zur Differenzierung. Auch ein Bezug zur Lebenswirklichkeit der Kinder wird hergestellt. Die Materialien liegen in Form von Kopiervorlagen vor. Zur Eigenkontrolle werden Lösungsblätter angeboten.

a) Teil 1: Themen und Unterrichtsschritte

1. Stunde: Von Abraham, Sara und Lot
2. Stunde: Abraham vertraut Gott und zieht in ein neues Land
3. Stunde: Durch die Wüste
4./5. Stunde: Unterwegs mit Abraham – Modellbau
6. Stunde: Durch die Wüste ins Land Kanaan
7. Stunde: Vom Streit der Hirten – Abraham und Lot müssen sich trennen
8. Stunde: Abraham unter dem Sternenzelt
9. Stunde: Isaak
10. Stunde: Die schwerste Prüfung (fakultativ)

b) Teil 2: Stationentraining – Auf den Spuren Abrahams

1. Personenrätsel: Wer sind wir?
2. Kastenrätsel
3. Namenssuche – Wie soll erheißen
4. Abrahams Weg – Von Ur über Haran nach Kanaan
5. Mein Lieblingsbild aus der Abraham-Geschichte
6. Das Abraham-Lied
7. Würfelspiel: Abrahams Weg durch die Wüste
8. Seltsame Zeichen ...
9. Meine Reise durch das Leben

Jedes Kind erhält als Aktionsbild ein kleines Kamel, beladen mit 9 Gepäckstücken (S. s. 58). Es begleitet die Schüler/-innen auf ihrer „Wanderschaft" von „Oase zu Oase". An jeder mit einer Palme und Zahl versehenen Lernstation wird eine Aufgabe behandelt und am entsprechenden Gepäckstück gekennzeichnet.

Tipp:
Die eine oder andere Religionsstunde kann mit einem entsprechenden Gebet oder Lied beginnen oder enden.

Gebete:

Wo ich gehe, wo ich stehe,
bist Du lieber Gott bei mir.
Wenn ich Dich auch niemals sehe,
weiß ich sicher, Du bist hier.
Amen

Der Herr ist mein Hirte,
mir wird nichts fehlen.
Er weidet mich auf grüner Aue
und führt mich zu frischem Wasser.
Muss ich auch wandern durch finsteres Tal,
ich fürchte kein Unglück,
denn Du bist bei mir.
(nach Psalm 23)

Lieder:

Ich möcht`, dass einer mit mir geht,
der`s Leben kennt, der mich versteht,
der mich zu allen Zeiten kann geleiten.
Ich möcht`, dass einer mit mir geht.

Gottes Liebe ist so wunderbar,
Gottes Liebe ist so wunderbar,
Gottes Liebe ist so wunderbar,
so wunderbar groß.

So hoch, was kann höher sein?
So tief, was kann tiefer sein?
So weit, was kann weiter sein?
So wunderbar groß.

III. Teil 1: Themen und Unterrichtsschritte

1. Stunde Von Abraham, Sara und Lot

Folie/Bildblatt 1:

In der Stadt Haran (in der heutigen Türkei)
Einblick in das Leben vor einigen tausend Jahren
Bau- und Lebensweise; Menschen – Tiere – Vegetation – Handwerk
Austausch von Gedanken und Vorwissen

Tafelskizze:

Häuser in Haran (siehe Seite 51)
Vorstellen der Hauptpersonen (als Stabpüppchen s. S. 59 f.):

- ABRAHAM
- SARA
- LOT
- Verwandte, Freunde, Nachbarn (siehe 2. Stunde)

Informationen:

Die Familie stammt ursprünglich aus der Stadt Ur in Chaldäa
(im Zweistromland/Mesopotamien im heutigen Irak).

Abrahams Vater (Terach) starb in Haran, und seine Familie wurde hier sesshaft.

Abraham war ein reicher Mann. Er besaß viele Schafe, Ziegen, Rinder, Esel und Kamele. Er hatte viele Knechte und Mägde, die für die Herden sorgten. Allen ging es sehr gut.

Abraham und Sara hatten keine eigenen Kinder. Aber sie sorgten für ihren Neffen Lot, dessen Vater und Mutter früh gestorben waren.

Arbeitsblatt 1:

Abraham und Sara
(Lückentext und Malblatt)

Bildblatt 1 – In der Stadt Haran

AB 1	Name:	Klasse:

ABRAHAM UND SARA

Das ist ______________________ mit seiner Frau ______________________.

Sie lebten vor vielen, vielen Jahren in der Stadt ______________________.

Von dort zogen sie mit ihren Familien nach ______________________.

Abraham war sehr reich. Er hatte viele Schafe, Ziegen, Rinder, Esel und Kamele, dazu viele Knechte und Mägde. Es ging ihnen allen sehr gut.

Abraham und Sara hatten keine eigenen Kinder. Sie lebten zusammen mit ihrem Neffen ______________________.

▶ **Setze die passenden Wörter ein!**

Sara	Abraham	Lot	Ur	Haran

2. Stunde Abraham vertraut Gott und zieht in ein neues Land

Wiederholung:

Von Abraham, Sara und Lot und ihrer Wohnstadt Haran anhand der Stabpuppen und der Tafelskizze: Häuser in Haran
Neue Figuren: Hirte, Nachbar, Freund (siehe Seite 60)

Biblischer Text: Abraham hört auf Gottes Wort

Gott spricht zu Abraham.
Das gute und gewohnte Leben soll er aufgeben und Neues wagen: eine Reise in ein unbekanntes Land.
Risiken und Gefahren werden ihm begegnen.
Abraham hört auf Gott und vertraut ihm.
Er lässt sich nicht von Gottes Weisung abbringen.
Abraham verlässt seine Heimat und bricht auf in ein fremdes Land.

Schüleräußerungen und Meinungen zum Text

Rollenspiel:

Dialoge entwickeln: Abraham berichtet über sein nächtliches Erlebnis.
Er spricht mit Sara, ruft Lot und einen Verwandten (Nachbarn oder Freund) hinzu, und teilt seinen Entschluss, Haran zu verlassen, auch seinem obersten Diener Elisier, einem Wanderhirten, mit. Man möchte Abraham an seinem Vorhaben hindern. Elisier teilt seine Sorge um die Tierherden mit. Sara und Lot möchten Abraham begleiten.

Nach der Aufgabenstellung üben die Kinder in kleinen Gruppen (evtl. Tischgruppen) eine kleine Spielszene ein. Ein akustisches Zeichen (z. B. Triangel) beendet die Einübungsphase. Das Vorspielen sollte auf freiwilliger Basis erfolgen und auch tischgruppenübergreifend ermöglicht werden. Die kleinen Stabpuppen erleichtern das szenische Darstellen.

Schüleräußerungen und Bewertungen zu den einzelnen Szenen der Gruppen

Arbeitsblatt 2:

Aufbruch in ein neues Land: Malblatt mit Text
Auf der folgenden Seite befindet sich der biblische Erzähltext zum Nachlesen bzw. zur Differenzierung.

AB 2	Name:	Klasse:

DIE REISE BEGINNT

Abraham, Sara und Lot verlassen die Stadt Haran – zusammen mit ihren Hirten und Tieren. Sie ziehen in ein fernes, unbekanntes Land.

Abraham vertraut ______________________.

- ▶ **Gestalte dein Blatt mit Buntstiften!**
- ▶ **Male einen passenden Rahmen dazu!**
- ▶ **Lies die Geschichte „Abraham hört auf Gott und vertraut ihm"!**

Abraham hört auf Gott und vertraut ihm

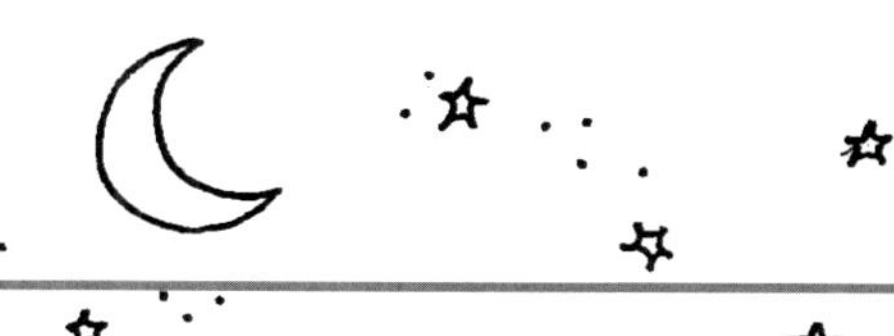

Eines Abends saß Abraham auf dem Flachdach seines Hauses. Er schaute in den Himmel und dachte über alles nach. Über ihm leuchteten die vielen Sterne. Da hörte Abraham eine Stimme:
„Abraham, ich möchte, dass du diese Stadt verlässt und in ein Land gehst, dass ich dir zeigen werde. Ich will dich segnen, dich, deine Kinder und Kindeskinder. Und ich will mit euch sein. Ihr werdet ein großes Volk werden. Und durch dich sollen alle gesegnet werden, alle Menschen auf dieser Erde."

Abraham lauschte erstaunt. Es war Gottes Stimme, die zu ihm sprach. Was hatte Gott mit ihm vor?
Abraham war ein frommer und mutiger Mann. Er liebte Gott und hörte auf ihn. Aber, er sollte Haran verlassen? Seine Heimat? Sein Haus? Seine Freunde und die Familie? Sollte er alles, was er kannte, aufgeben? Eine Reise antreten, ohne zu wissen wohin? Abraham zögerte, aber doch nur einen Augenblick lang. Er liebte Gott über alles und vertraute ihm.
Am nächsten Morgen rief er Sara, seine Familie, Freunde und Nachbarn herbei und erzählte ihnen von Gottes Auftrag. Viele waren bestürzt und riefen:
„Das kann Gott doch nicht verlangen. Hier bist du zu Hause, hier sind deine Verwandten und Freunde. Und du bist nicht mehr jung genug für eine Reise in ein neues Land. Die Wanderung durch die Wüste bringt viele Gefahren mit sich. Bleib lieber hier bei uns!"

Doch Abraham sagte:
„Ich will auf Gott hören. Ich vertraue ihm, und er wird bei mir sein."

Und so machte er sich an die Reisevorbereitungen. Seine Frau Sara und sein Neffe Lot – der Sohn seines Bruders – halfen ihm und wollten mit ihm ziehen. Abraham rief seine Knechte und Mägde herbei und befahl ihnen:
„Treibt unsere Schafe und Ziegen zusammen! Nehmt Zelte und Vorräte mit, denn wir ziehen fort von hier in ein neues Land."

Die Hirten beluden die Kamele. Sie füllten die Wassersäcke und packten genug Vorräte ein für eine lange Wanderung.
Endlich war es soweit. Abraham nahm Abschied von seinen Verwandten, von seinen Freunden und Nachbarn. Noch manch einer warnte Abraham vor der beschwerlichen Reise durch die Wüste. Der Abschied von diesem Land, von Familie und Freunden fiel Abraham nicht leicht. Doch er gehorchte Gott und vertraute ihm.

Schon bald machte sich eine große Gruppe auf den Weg:
Abraham zog voran mit Sara und Lot. Ihm folgten alle seine Knechte und Mägde mit Kamelen und Eseln, Ziegen, Rindern und Schafen. Es war ein langer Zug. Keiner wusste, wohin die Reise ging. Ein neues Leben sollte beginnen.

Lied: Habt ihr schon gehört von Abraham ...?

Wiederholung (Auftrag und Aufbruch) anhand des Abraham-Liedes

Habt ihr schon gehört von Abraham 1. Mose 12,1–9

Folie/Bildblatt 2: In der Wüste

Bildbetrachtung und Bildbeschreibung, Entdeckungen und Begriffsklärungen
Austausch von Vorwissen, Aufnahme von Lerninhalten
Die Folie fokussiert die Konzentration der Kinder bei der gemeinsamen Betrachtung.

Wüste
Brunnen
Sand
Palmen
Oase
Schafe und Ziegen
Wanderhirten/Nomaden
Zelt
Kamele (Dromedare) als Lasttiere
(Dromedare/Trampeltiere können aufgrund der Wasserspeicherung wochenlang ohne Trinkwasser auskommen – Höcker als Fettspeicher ...)

Arbeitsblatt 3:

Unterwegs mit Abraham – Durch die Wüste
Bibel- und Liedtext
Die Skizze kann bemalt und erweitert werden
Bildblatt 2 als weiteres Angebot zum Ausmalen/Ergänzen

Bildblatt 2 – In der Wüste

AB 3	Name:	Klasse:

UNTERWEGS MIT ABRAHAM – DURCH DIE WÜSTE

Abraham hatte sich auf den Weg gemacht.
Seine Frau Sara und sein Neffe Lot begleiteten ihn.
Auch seine Knechte und Mägde zogen mit, dazu Kamele, Rinder, Ziegen und Schafe.
An Wasserstellen machten sie Rast.

Es wurde eine lange, beschwerliche Reise.
Der Weg führte über kahle Berge und durch heiße Wüsten.

Abraham kam nur langsam mit seinen Tieren voran.
Auch wusste er nicht, wohin der Weg ihn führte.
Doch Abraham zog weiter, immer weiter, und vertraute auf Gott.

Habt ihr schon gehört von Abraham,
der aus Ur in Chaldäa kam?
Tausend Meilen musst' er reisen
in das Land, das Gott wollt' weisen.
Tausend Meilen zog er fort,
und sein Kompass war Gottes Wort.

Juliane Linker: Abraham – Eine Weggeschichte aus dem Alten Testament · Best.-Nr. 080

4./5. Stunde Unterwegs mit Abraham (Modellbau)

Basteln und gestalten innerhalb einer Doppelstunde, auch fachübergreifend im Kunstunterricht

Vorbereitungen:

Auf dem Boden des Klassenzimmers soll der weite Weg von Haran ins Gelobte Land Kanaan veranschaulicht werden.

Dazu werden benötigt:
- kleine Schuhkartons oder Schachteln (weiß) für Flachdachhäuser
- Papierstreifen für Treppenaufgänge an den Häusern
- Bastelbögen 1–5, S. 51 ff. (Häuser, Palme, Brunnen, Abraham, Sara, Lot, Hirten, Mägde, Tiere)
- Zelt (siehe KV S. 55)
- Eigene Ideen zum Zeltbau
  - kleine Holzstäbchen
  - Kügelchen aus Knete zum Befestigen
  - Leder oder Stoff
- ca. 3–4 große gelbe Tonpapierbögen als Wüstenweg, ein grüner Bogen (noch verdeckt als Land Kanaan)

Arbeiten in Gruppen/Tischgruppen:

1. Tischgruppe
Häuser der Stadt Haran, aus kleinen Kartons und Faltpapiertreppen

2. Tischgruppe
Personen: Abraham – Sara – Lot; Brunnen

3. Tischgruppe
Hirten (Nomaden) und Mägde

4. Tischgruppe
Tiere: Kamele, Ziegen, Schafe

5. Tischgruppe
Palmen, Zelte

Je nach Interesse und Neigung wählen die Kinder „ihre" Tischgruppe mit den vorbereiteten Materialien. Zur besseren Stabilität ist etwas stärkeres Kopierpaier empfehlenswert.

Tipp:
Beim Basteln vermittelt orientalisch/jüdisch klingende Musikuntermalung eine anregende Atmosphäre.

Die Kinder ordnen in den „Wüstenweg" ihre Bastelarbeiten ein.

6. Stunde Durch die Wüste ins Land Kanaan

Modell-Betrachtung: „Durch die Wüste"

Wiederholung und Vertiefung von Begriffen im Stuhlkreis (Oval)
Einfügen von Namensschildchen ins Modell

Biblischer Text:

Durch die Wüste ins versprochene Land Kanaan

Modellerweiterung

Unter den gelben Tonpapierbögen liegt verborgen ein grüner Bogen, der als stummer Impuls in Verlängerung der „Wüste" angelegt wird.

Schüleräußerungen:

Das versprochene Land Kanaan ist erreicht – Die grüne Farbe deutet auf fruchtbares Land hin.

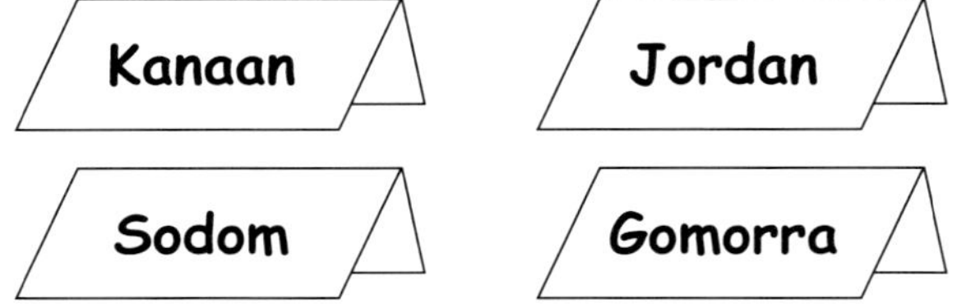

Arbeitsblatt 4:
Text: Durch die Wüste ins versprochene Land Kanaan
Beantworten von Fragen zum Text

Malblatt:

Im neuen Land Kanaan
Die Wolke als Symbol für Gott ansehen, der unseren Augen verborgen ist und von dem wir uns kein Bild machen können (2. Mose, 20,1-17, Verse 4-6).

AB 4	Name:	Klasse:

DURCH DIE WÜSTE INS VERSPROCHENE LAND KANAAN

Viele Wochen zog die Karawane durch die Wüste. Von morgens bis abends brannte die Sonne. Kein Baum spendete Schatten. Tagelang fanden Abraham und seine Leute kein Wasser. Unter den Hirten gab es oft Streit um eine Wasserstelle. Langsam gingen die Vorräte zu Ende.

Auch Sara wurde unruhig. Die Hirten fingen an zu murren: *„Wie lange soll diese schreckliche Reise noch dauern? Wenn das so weitergeht, werden wir alle verdursten und verhungern. Wären wir doch lieber zu Hause geblieben! Da hätten wir es jetzt besser! Wer weiß, wie es uns in dem fremden Land noch ergehen wird!"*

Abraham bemerkte, wie unzufrieden seine Leute waren. War es richtig, dass er seine Heimat verlassen hatte? Oder hatten die Hirten Recht? Aber Abraham zog weiter und vertraute auf Gott.

Endlich, nach langer und mühsamer Wanderung sahen sie ein weites grünes Land vor sich liegen. Es hieß Kanaan. Die Wüste lag hinter ihnen. Alle atmeten auf. Endlich hatten sie es geschafft!

Abraham schaute in die Ferne nach Kanaan. Er sah Wiesen, fruchtbare Felder, Bäume und einen Fluss, der sich durch das Land schlängelte. Es war der Jordan.
Da wurde Abraham froh. Er rief seine Leute zusammen und sprach:
„Seht nur! Wir sind heil durch die Wüste gekommen. Gott hat uns beschützt. Niemand ist verdurstet oder verhungert. Hier beginnt das Land, das Gott uns zeigen wollte. Es war gut, dass wir Gott vertraut haben. Lasst uns ihm danken!"

Und Abraham baute aus Steinen einen Altar und dankte Gott.

▶ **Kannst du diese Fragen beantworten?**

1. Wie heißt das neue Land?

   ____

2. Welcher Fluss fließt durch das Land?

   ____

3. Was tut Abraham, als das Ziel erreicht ist?

   ____

   ____

AB 4 **Lösung**

DURCH DIE WÜSTE INS VERSPROCHENE LAND KANAAN

Viele Wochen zog die Karawane durch die Wüste. Von morgens bis abends brannte die Sonne. Kein Baum spendete Schatten. Tagelang fanden Abraham und seine Leute kein Wasser. Unter den Hirten gab es oft Streit um eine Wasserstelle. Langsam gingen die Vorräte zu Ende.

Auch Sara wurde unruhig. Die Hirten fingen an zu murren: *„Wie lange soll diese schreckliche Reise noch dauern? Wenn das so weitergeht, werden wir alle verdursten und verhungern. Wären wir doch lieber zu Hause geblieben! Da hätten wir es jetzt besser! Wer weiß, wie es uns in dem fremden Land noch ergehen wird!“*

Abraham bemerkte, wie unzufrieden seine Leute waren. War es richtig, dass er seine Heimat verlassen hatte? Oder hatten die Hirten Recht? Aber Abraham zog weiter und vertraute auf Gott.

Endlich, nach langer und mühsamer Wanderung sahen sie ein weites grünes Land vor sich liegen. Es hieß Kanaan. Die Wüste lag hinter ihnen. Alle atmeten auf. Endlich hatten sie es geschafft!

Abraham schaute in die Ferne nach Kanaan. Er sah Wiesen, fruchtbare Felder, Bäume und einen Fluss, der sich durch das Land schlängelte. Es war der Jordan.
Da wurde Abraham froh. Er rief seine Leute zusammen und sprach:
„Seht nur! Wir sind heil durch die Wüste gekommen. Gott hat uns beschützt. Niemand ist verdurstet oder verhungert. Hier beginnt das Land, das Gott uns zeigen wollte. Es war gut, dass wir Gott vertraut haben. Lasst uns ihm danken!“

Und Abraham baute aus Steinen einen Altar und dankte Gott.

▶ **Kannst du diese Fragen beantworten?**

1. Wie heißt das neue Land?

   Kanaan

2. Welcher Fluss fließt durch das Land?

   Jordan

3. Was tut Abraham, als das Ziel erreicht ist?

   Er baut einen Altar und dankt Gott.

Malblatt – Im neuen Land Kanaan

7. Stunde Vom Streit der Hirten – Abraham und Lot müssen sich trennen

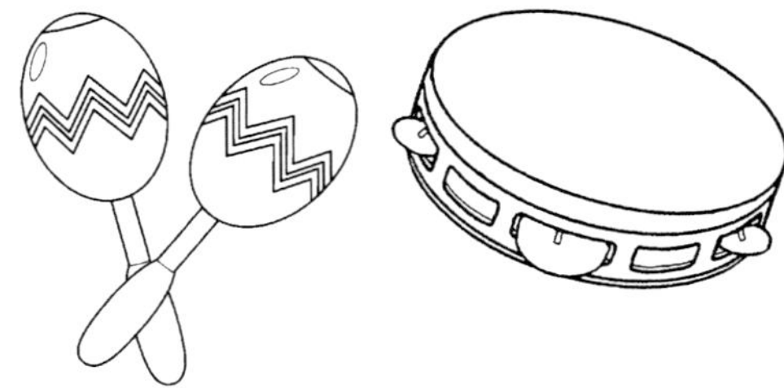

Liedwiederholung: Habt ihr schon gehört von Abraham ...?

Lied singen und mit Rhythmusinstrumenten begleiten
(Klangstäbe, Rasseln, Triangel, Schellenkranz)

Wiederholung:

Im von Gott versprochenen neuen Land.
Das Ziel ist erreicht: das Land Kanaan, ein weites, schönes, fruchtbares Land.

Durch das Land schlängelt sich der Jordan.
Abraham und seine Familie sind froh.
Und doch gibt es immer wieder Unruhe ...

Folie/Bildblatt 3: „Der Streit der Hirten"

Worüber streiten die Hirten? Warum drohen sie sich gegenseitig?
Was könnte der Grund sein?
Sie sorgen sich um genügend Wasser für die großen Tierherden.
Was haben die Hirten wohl gerufen?
Beschriften der Sprechblasen.
(Z. B.: Weg da! Das ist unser Wasser/ Wir waren zuerst hier! Unsere Tiere brauchen Wasser!)
Wie haben sich Abraham und Lot wohl verhalten?

Entwickelndes Unterrichtsgespräch

Biblischer Text: Vom Streit der Hirten – Abraham und Lot trennen sich

Lehrerdarbietung
Lesen
Lesen mit verteilten Rollen

Arbeitsblatt 5:

Ausmalblatt
Individuelles Beschriften der Sprechblasen

Bildblatt 3 – Der Streit der Hirten

AB 5	Name:	Klasse:

VOM STREIT DER HIRTEN – ABRAHAM UND LOT TRENNEN SICH

Abraham und Lot zogen mit ihren Hirten und Herden ins Land Kanaan. Sie suchten Weideland und Gras für die Tiere. Und wenn sie einen Brunnen fanden, machten sie Rast und gaben den Tieren zu trinken.
Aber oft reichte das Wasser nicht aus für all die vielen Tiere. Dann gab es wieder Streit zwischen den Hirten von Lot und den Hirten von Abraham. Sie schrien sich an und stritten bald jeden Tag um Weideland und Wasser.

Da sagte Abraham eines Tages zu seinem Neffen Lot:
„Es soll doch kein Streit sein zwischen mir und dir, zwischen meinen und deinen Hirten. Wir müssen uns trennen. Sonst hört der Streit zwischen unseren Hirten nie auf. Sieh doch! Das Land ist groß genug für uns alle. Wo möchtest du wohnen? Rechts oder links? Hier oder dort? Du darfst wählen."

Da zeigte Lot auf das Tal, das vor ihnen lag, und sagte:
„Dort gefällt es mir. Dort will ich mit meinen Leuten wohnen."

Es war das Jordantal, ein üppiges Tal mit grünen Wiesen und fruchtbaren Feldern. Auch zwei Städte lagen unten im Tal:
Sodom und Gomorra. Dorthin zog Lot mit seinen Hirten und Herden. Abraham blieb im Bergland von Kanaan zurück.

AB 5 Lösung

VOM STREIT DER HIRTEN – ABRAHAM UND LOT TRENNEN SICH

Abraham und Lot zogen mit ihren Hirten und Herden ins Land Kanaan. Sie suchten Weideland und Gras für die Tiere. Und wenn sie einen Brunnen fanden, machten sie Rast und gaben den Tieren zu trinken.
Aber oft reichte das Wasser nicht aus für all die vielen Tiere. Dann gab es wieder Streit zwischen den Hirten von Lot und den Hirten von Abraham. Sie schrien sich an und stritten bald jeden Tag um Weideland und Wasser.

Da sagte Abraham eines Tages zu seinem Neffen Lot:
„Es soll doch kein Streit sein zwischen mir und dir, zwischen meinen und deinen Hirten. Wir müssen uns trennen. Sonst hört der Streit zwischen unseren Hirten nie auf. Sieh doch! Das Land ist groß genug für uns alle. Wo möchtest du wohnen? Rechts oder links? Hier oder dort? Du darfst wählen."

Da zeigte Lot auf das Tal, das vor ihnen lag, und sagte:
„Dort gefällt es mir. Dort will ich mit meinen Leuten wohnen."

Es war das Jordantal, ein üppiges Tal mit grünen Wiesen und fruchtbaren Feldern. Auch zwei Städte lagen unten im Tal:
Sodom und Gomorra. Dorthin zog Lot mit seinen Hirten und Herden. Abraham blieb im Bergland von Kanaan zurück.

8. Stunde Abraham unter dem Sternenzelt

Wiederholung:

Lot und Abraham trennen sich
Tafelskizze:
Langer Weg mit Gabelung
In die Skizze lassen sich leicht die Figuren von Abraham und Lot einfügen (Stabpüppchen)
Abraham und Lot hatten sich um Frieden unter den Hirten bemüht, sie wollten keinen Streit. Aber ihre Hirten waren verfeindet und gaben nicht nach. Damit wieder Ruhe und Frieden einkehrte, mussten Abraham und Lot getrennte Wege gehen. Abraham überließ seinem Neffen die Wahl.
Lot zog mit seinen Hirten in die Städte im Jordantal. Abraham blieb mit seinen Leuten im Bergland von Kanaan.

Bibeltext: Abraham unter dem Sternenzelt

Vortragen des biblischen Textes im Stuhlkreis.
Reaktionen der Schüler abwarten.
Die eigenartigen Worte ansprechen, erklären:
Abraham als Stammvater eines großen Volkes, das unter Gottes Segen steht,
Nachkommen, so zahlreich wie die Sterne am Himmel und der Sand am Meeresufer.
Und ein Nachkomme wird (am Ende der Stammlinie) ganz besonders gesegnet sein.
Vermutungen, Schüleräußerungen

Bildbetrachtung: Abraham unter dem Sternenzelt (s. S. 27, vergrößert oder Vorlage S. 62)

Am Sternenhimmel fällt etwas auf: ein Stern ist besonders groß und leuchtend dargestellt …
Mit den unzähligen Sternen sollen die vielen Nachkommen von Abraham und Sara aufgezeigt werden.
Der hell strahlende Stern erinnert an den Weihnachtsstern und deutet auf Christus hin. Mit Jesus kam Gottes Sohn auf unsere Erde, in einem Menschen wirkte Gottes Geist und machte ihn zum Retter, Erlöser und Messias.
So erfährt bereits Abraham eine „messianische Weissagung", die nach vielen Generationen (s. Mt 1,1-17) ihre Erfüllung findet.
Die Geburt Jesu ist tief verankert in der Geschichte des Volkes Israel.
Im Sternenbild „vereinen" sich 2000 Jahre, wird ein Bogen gespannt vom Alten bis zum Neuen Testament.

Bodenmandala:

Vorbereitung: nachtblaues Tuch ausbreiten und gelbe Tonpapierquadrate plus (Stern)Schablone als Materialien auslegen

Arbeitsblatt 6:

Mal- und Textblatt mit Arbeitsaufgaben:
- Lies die biblische Geschichte.
- Markiere mit einem hellen Stift Gottes Versprechen (seine Weissagung).
- Male das Bild bunt an.
- Bastle Sterne aus gelbem Tonpapier und lege sie auf das blaue Bodenmandala.

AB 6	Name:	Klasse:

ABRAHAM UNTER DEM STERNENZELT

Es war Abend geworden. Abraham lag wach in seinem Zelt. Er fand keine Ruhe. Er dachte über alles nach, was sich ereignet hatte. Er dankte Gott für das neue Land Kanaan, das er erreicht hatte. Doch – ein wenig traurig war er auch. Er musste immerzu daran denken, dass Gott ihm und Sara viele Nachkommen versprochen hatte.
Nun waren sie im neuen Land, aber ohne ihren Neffen Lot und ohne eigene Kinder. Hatte Gott sie etwa vergessen? Es war Nacht geworden. Tausende von Sternen funkelten am dunklen Himmelszelt. Vor dem Zelt glitzerte der Sand im Schein der Sterne.
Da hörte Abraham eine Stimme. Er horchte auf. War das nicht Gottes Stimme, die zu ihm sprach? *„Abraham!“*, rief die Stimme. *„Fürchte dich nicht. Ich meine es gut mit dir. Ich will dich reich beschenken.“*
„Ach Herr“, fragte Abraham traurig. *„Was willst du mir schenken?*
Bald werde ich sterben. Du hast mir noch kein Kind geschenkt. Was soll nur werden?“ Da sprach Gott zu Abraham: *„Komm heraus vor dein Zelt und schau in den Himmel! Siehst du die vielen Sterne? Kannst du sie zählen?“*
Abraham schüttelte den Kopf. Die Sterne zählen? Unmöglich! Es gab zu viele Sterne am Himmel. Kein Mensch konnte sie zählen.
Da sprach Gott:
„Deine Nachkommen werden so zahlreich sein wie die Sterne am Himmel und der Sand am Meer. Deinen Sohn will ich segnen und seine Kinder. Völker und Könige werden aus dir hervorgehen. Sie werden alle in diesem Land wohnen. Und in einem deiner Nachkommen werden alle Völker der Erde gesegnet sein.“
Und wieder glaubte Abraham und vertraute auf Gott.

- Lies die biblische Geschichte!
- Markiere mit einem hellen Stift Gottes Versprechen (seine Weissagung)!
- Male das Bild bunt an!
- Bastle Sterne aus gelbem Tonpapier und lege sie auf das blaue Tuch des Bodenmandalas!

Viel Spaß!

Fremder Besuch – Isaak wird geboren

Wiederholung:

Abraham unter dem Sternenzelt
Stuhlkreis rund um das Sternenmandala
Viele Kinder und Kindeskinder sind Abraham versprochen worden.
Durch Abraham und seine Nachkommen sollen alle Völker der Erde gesegnet sein.
Ein besonderer Stern weist auf einen ganz besonderen Nachkommen hin.
Aber noch sind Abraham und Sara kinderlos.

Bibeltext:

Fremder Besuch
Isaak wird geboren
Nähere Erläuterungen zu den geheimnisvollen Fremden (Boten Gottes?).
Hervorhebung der Gastfreundschaft von Abraham.
Sara lauscht im Zelt und lacht.

Schriftrolle:

Isaak

Zeigen und langsam aufrollen.
Der Name **Isaak** erscheint
Bedeutung des Namens: Isaak = lachen (man lacht)
Wer lacht?
- Sara lacht.
- Abraham lacht.
- Isaak lacht.
- Gott „lacht".

Alle freuen sich über das neue Leben.
Gott hat sein Versprechen gehalten.
Ein Nachkomme ist da.
Abraham wird für sein Gottvertrauen und seinen Glauben belohnt.

Arbeitsblatt 7: Isaak

Text-und Malblatt: Isaak
(fehlende Worte „Sohn, Isaak, lachen" eintragen)

AB 7	Name:	Klasse:

ISAAK

Fremder Besuch

Es war um die Mittagszeit. Die Sonne schien heiß vom Himmel, und die Luft flimmerte. Abraham saß am Eingang seines Zeltes im Schatten alter Eichenbäume. Als er seine Augen hob, sah er in einiger Entfernung drei Männer. Abraham lief ihnen entgegen und verbeugte sich vor den Fremden.
„Wascht eure Füße und ruht euch unter den Bäumen aus! Ich hole euch etwas zum Essen." Abraham eilte zu Sara ins Zelt und brachte den fremden Gästen Milch und Kuchen.
Da fragten die Fremden: „Wo ist Sara, deine Frau?" Abraham entgegnete: „Drüben im Zelt!" Da sagte einer der Fremden: „Im nächsten Jahr, wenn wir dich wieder aufsuchen, wird Sara einen Sohn zur Welt gebracht haben.
Sara horchte im Zelteingang. Sie sollte noch Mutter und Abraham Vater werden? Da lachte Sara leise. Die Männer hörten das Lachen und fragten: „Warum lacht Sara?" Dann erhoben sie sich und verließen den Ort in Richtung Sodom. Abraham begleitete sie noch ein Stück ihres Weges.

Und nach einem Jahr:

Sara bekommt einen ______________________________.

Abraham und Sara sind überglücklich.

Die Eltern nennen ihn ______________________________.

Gott hat sein Versprechen gehalten.

Alle freuen sich und ______________________________.

10. Stunde Die schwerste Prüfung

Mit der Geburt Isaaks kann die Unterrichtssequenz „Abraham" für Kinder der 2. Klasse ihren Abschluss finden. Für den Folgetext „Glaubensprobe" (Gen. 22,1–19), sind zusätzliche Erklärungen erforderlich. Ohne Erläuterung (s. u.) könnte der Textinhalt auf Unverständnis stoßen, Zweifel hervorrufen, vielleicht auch Gewalt rechtfertigen. Unter diesem Aspekt ist es sinnvoll, die „Opferung Isaaks" anzufügen und zu beleuchten.

Abraham und Isaak

Das Bild zeigt den heranwachsenden Isaak zusammen mit seinem Vater. Abraham liebte seinen Sohn mehr als alles auf der Welt. Das Kind wuchs heran zur großen Freude seiner Eltern. Glückliche Jahre gingen ins Land.

Arbeitsblatt 8: Biblischer Text: Die schwerste Prüfung

Text lesen, Bilder betrachten
Spontane Schüleräußerungen
Unterrichtsgespräch
Auseinandersetzung mit dem biblischen Text und persönliche Stellungnahme – Reflektieren im Plenum
Fragen beantworten – Bilder gestalten

Erläuterungen zum Bibeltext:

In früherer Zeit war es in vielen Ländern üblich, Menschen und Tiere zu opfern, um Göttern zu danken, ihnen zu gefallen und sie gnädig zu stimmen. Auch im Land Kanaan und in der Gegend um Ur waren damals Brand- und Schlachtopfer von Mensch und Tier üblich. Das Opfer der Erstgeburt galt nach früheren Religionsanschauungen als die höchste Gabe, die der Mensch Gott anzubieten hatte.
Abraham war ein Mann seiner Zeit, und es handelt sich um eine alte überlieferte Erzählung aus dem Jahr 2000 v. Chr. Der entsetzliche Opferbrauch stößt bei uns heute auf Unverständnis, Abscheu und Empörung. Dennoch hat die Geschichte ihre Berechtigung. Der biblische Text drückt aus, dass Gott das blutige Opfer als Ehrerweis nicht will. Auch das Opfern eines Tieres als Ersatz wird nicht von Gott verlangt.

Gott ist ein Freund des Lebens. Mensch und Tier sind seine Geschöpfe. Warum sollte er sie, die er geschaffen und gesegnet hat, ohne vernünftigen Grund töten lassen? Allerdings erwartet Gott vom Menschen Gehorsam und Demut und die Erfüllung seiner Gebote.
Gott legt dem Menschen zuweilen schwere Prüfungen und Glaubensproben auf, seine Wege erscheinen uns oft unverständlich. Nicht Hader und Anklage sollen unsere Antwort sein, sondern Glaube und Vertrauen.

Mit der Abraham-Geschichte wird ein Bogen gespannt vom AT zum NT. 2000 Jahre später wurde durch einen Nachkommen Abrahams Segen und Heil in die Welt gebracht. Christus wurde geboren. Mit ihm kamen Frieden und Gewaltlosigkeit in die Welt.

Die „Opferung Isaaks" weist verschiedene Parallelen zum Leidensweg und Kreuzestod Christi auf:
Berg Morija/Berg Golgota – Vater/Sohn – Holzscheite/Holzkreuz – Widder/Christus als Opferlamm.

Das hebräische Wort Morija bedeutet „Gott sieht" bzw. „Jahwe wird ausersehen". Morija wurde zum späteren Tempelberg in Jerusalem, hier wurde durch König Salomo der 1. Tempel errichtet.

Arbeitsblatt 9: Merkwürdige Ähnlichkeiten – Ein Vergleich

(Fehlende Worte eintragen, Bilder bemalen, ergänzen)

AB 8	Name:	Klasse:

DIE SCHWERSTE PRÜFUNG

Jahre vergingen. Isaak wuchs heran und bereitete seinen Eltern viel Freude. Abraham und Sara liebten ihr Kind und waren voller Glück und Dankbarkeit.
Da geschah eines Tages etwas Schreckliches.
Es war tief in der Nacht. Wieder einmal hörte Abraham die Stimme Gottes. *„Abraham“*, rief Gott, und Abraham antwortete: *„Hier bin ich, Herr!“* Und dann hörte Abraham Worte, die er nicht glauben wollte.
Und die Stimme sprach: *„Nimm deinen einzigen Sohn, den du so sehr liebst und begib dich in das Land Morija. Dort auf einem Berg, den ich dir zeigen werde, bringe Isaak als Brandopfer dar.“* Abraham war wie betäubt. Hatte er richtig gehört? Er sollte seinen Sohn, den Gott ihm endlich geschenkt hatte, opfern? Das konnte Gott doch nicht verlangen.
Schweren Herzens stand Abraham am frühen Morgen auf. Er sattelte seinen Esel, rief zwei Diener herbei und seinen Sohn Isaak. Er spaltete Holz für das Brandopfer und brach auf zu dem Ort, den Gott genannt hatte. Lange Zeit wanderten die beiden nebeneinander her, Hand in Hand. Keiner sagte ein Wort. Nach drei Tagen erreichten sie den Berg Morija. Abraham sagte den Dienern: *„Bleibt hier bei dem Esel. Mein Sohn und ich gehen den Berg hinauf, um Gott anzubeten. Danach kommen wir zu euch zurück.“*
Voller Sorgen nahm Abraham das Holz für das Brandopfer und legte es Isaak auf die Schultern. Er selbst trug das Feuer und Messer. So gingen die beiden miteinander den Berg hinauf. Nach einer Weile fragte Isaak: *„Mein Vater, hier ist Feuer und Holz, wo aber ist das Opfertier?“* Abraham entgegnete: *„Gott selbst wird dafür sorgen.“*

Schließlich erreichten sie die Berghöhe. Abraham baute aus Steinen einen Altar und schichtete darauf das Holz auf. Mit zitternder Hand nahm er seinen Sohn und legte ihn auf den Altar. Als er seine Hand mit dem Messer ausstreckte, rief ihm eine Stimme zu: *„Halt ein, Abraham! Tu dem Knaben nichts an. Jetzt weiß ich, dass du gottesfürchtig bist und mir selbst deinen eigenen Sohn nicht vorenthalten hast.“*
Abraham hob die Augen zum Himmel empor und dankte Gott. Im Gestrüpp neben dem Altar hatte sich ein Widder mit seinen Hörnern verfangen. Den brachte Abraham anstelle seines Sohnes als Opfer dar.
Dann ging er mit Isaak zu seinen Leuten zurück.

AB 8	Name:	Klasse:

Wie findest du die Geschichte?

____

____

____

____

Überlege und kreuze an:

Wollte Gott den Tod von Isaak? ja ☐ nein ☐

Wollte Gott den Tod des Tieres? ja ☐ nein ☐

Gott will keine Schlacht- und Brandopfer.
Er ist ein Freund des Lebens.

In der damaligen Zeit glaubten die Menschen an viele Götter und verehrten sie.
Um ihnen zu danken und zu gefallen, war es in vielen Ländern üblich, Menschen und Tiere zu opfern. Das können wir heute nicht mehr verstehen.
Abraham lebte in der damaligen Zeit. Aber er glaubte an nur einen Gott und vertraute ihm.

AB 8 Lösung

Wie findest du die Geschichte?

Ich finde die Geschichte sehr spannend, aber auch sehr grausam. Warum macht Gott das alles?

Überlege und kreuze an:

Wollte Gott den Tod von Isaak? ja ☐ nein ☒

Wollte Gott den Tod des Tieres? ja ☐ nein ☒

Gott will keine Schlacht- und Brandopfer.
Er ist ein Freund des Lebens.

In der damaligen Zeit glaubten die Menschen an viele Götter und verehrten sie.
Um ihnen zu danken und zu gefallen, war es in vielen Ländern üblich, Menschen und Tiere zu opfern. Das können wir heute nicht mehr verstehen.
Abraham lebte in der damaligen Zeit. Aber er glaubte an nur einen Gott und vertraute ihm.

AB 9	Name:	Klasse:

MERKWÜRDIGE ÄHNLICHKEITEN ...

Links und rechts – ein Vergleich

- ▶ Hier siehst du zwei Bilder. Vergleiche sie miteinander!
- ▶ Sprich auch mit deinem Nachbarn oder einem Mitschüler darüber!
- ▶ Kannst du die Sätze jetzt zu Ende schreiben?

Das ist ______________________ Das ist ______________________

Beide besteigen einen ______________________.

Der Berg heißt ______________________. Das ist der Hügel ______________________.

Beide tragen eine schwere ______________________ auf dem Rücken.

Hier wird ______________________ getragen. Hier ist es ein ______________________.

Abraham opfert einen ______________________. Christus opfert ______________________ selbst.

Die Geschichte spielt vor ______________________ Jahren.

Jesus lebte vor ______________________ Jahren.

Zwischen dem Bild links und rechts liegen ______________________ Jahre.

Die 1. Geschichte findest du im ______________________.

Die 2. Geschichte steht im ______________________.

AB 9 **Lösung**

MERKWÜRDIGE ÄHNLICHKEITEN ...

Links und rechts – ein Vergleich

- ▶ Hier siehst du zwei Bilder. Vergleiche sie miteinander!
- ▶ Sprich auch mit deinem Nachbarn oder einem Mitschüler darüber!
- ▶ Kannst du die Sätze jetzt zu Ende schreiben?

Das ist Isaak Das ist Jesus

Beide besteigen einen Berg.

Der Berg heißt Morija. Das ist der Hügel Golgota.

Beide tragen eine schwere Last auf dem Rücken.

Hier wird Holz getragen. Hier ist es ein Kreuz.

Abraham opfert einen Widder. Christus opfert sich selbst.

Die Geschichte spielt vor 4000 Jahren.

Jesus lebte vor 2000 Jahren.

Zwischen dem Bild links und rechts liegen 2000 Jahre.

Die 1. Geschichte findest du im AT.

Die 2. Geschichte steht im NT.

8
9
6
7
4
5
1
2
3

Stationen 1–9: Auf den Spuren Abrahams

1 Personenrätsel: Wer sind wir?

2 Kastenrätsel: Findest du das Lösungswort?

3 Namenssuche: Wie soll er heißen?

4 Abrahams Weg: Von Ur über Haran nach Kanaan

5 Mein Lieblingsbild aus der Abraham-Geschichte

6 Das Abraham-Lied

7 Würfelspiel: Abrahams Weg durch die Wüste

8 Seltsame Zeichen …

9 Meine Reise durch das Leben

Station 1 Personenrätsel – Wer sind wir?

Kennst du dich aus?
Wie heiβen wir? Trage unsere Namen in die Kästchen ein!

1. Ich wurde geboren, als meine Eltern schon sehr alt waren. Gott hat sein Versprechen gehalten.

   Mein Name ist ______

2. Ich zog mit meinem Mann fort aus unserer Heimat. Dass ich noch ein Kind bekommen würde, wollte ich nicht glauben.

   Mein Name ist ______

3. Mein Onkel nahm mich mit auf eine lange Reise. Als wir Kanaan erreichten, überlieβ er mir das bessere Stück Land.

   Mein Name ist ______

4. Gott versprach mir ein neues Land und einen Sohn. Beides bekam ich.

   Mein Name ist ______

Abraham	Isaak
Lot	Sara

Station 2 **Kastenrätsel**

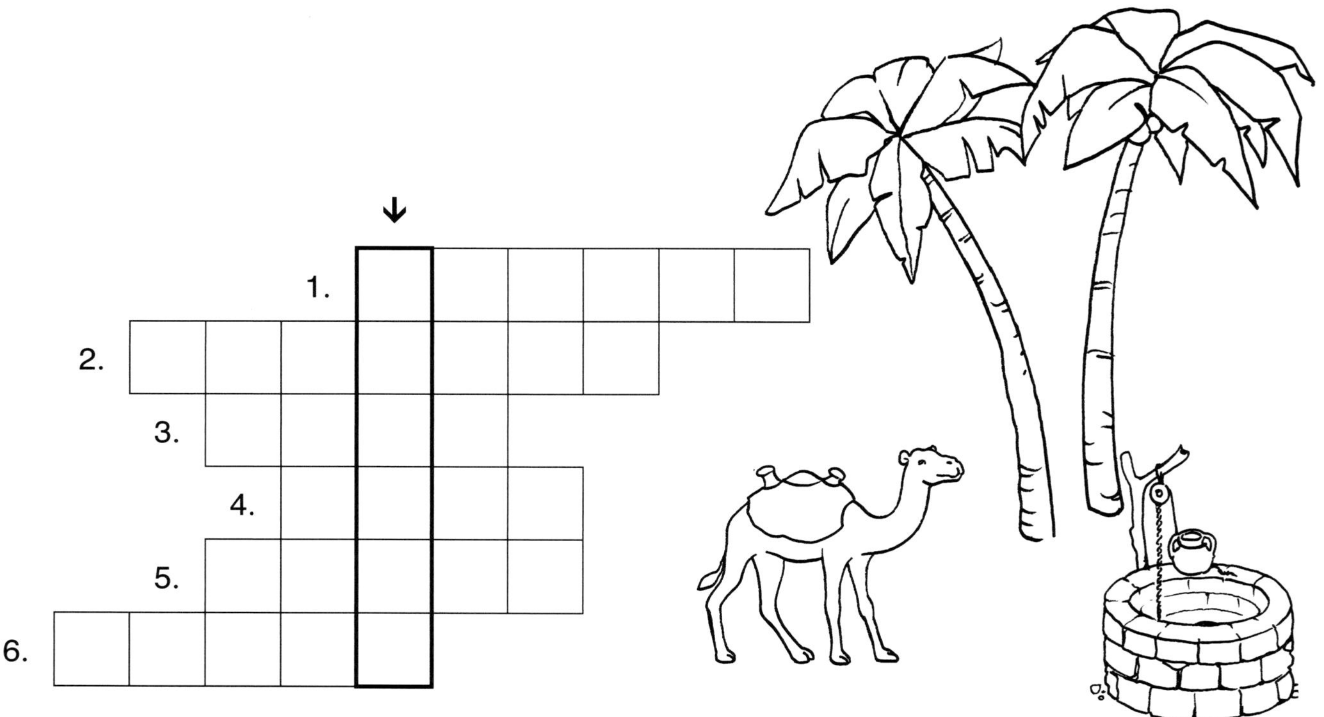

1. Welche Tiere tragen schwere Lasten und kommen lange ohne Wasser aus?
2. Name des Stammvaters für das Volk Israel
3. Was wünschte er sich am meisten?
4. Wie hieß seine Frau?
5. Endlich wurde ein Sohn geboren. Sein Name war …
6. „Grüne Inseln" in der Wüste

Von oben nach unten gelesen findest du das Lösungswort.

Es heißt ______________________________

Tipp:
Es war das Ziel der langen Reise durch die Wüste.

Station 2 | Kastenrätsel – Lösung

1. Welche Tiere tragen schwere Lasten und kommen lange ohne Wasser aus?

2. Name des Stammvaters für das Volk Israel

3. Was wünschte er sich am meisten?

4. Wie hieß seine Frau?

5. Endlich wurde ein Sohn geboren. Sein Name war …

6. „Grüne Inseln“ in der Wüste

Von oben nach unten gelesen findest du das Lösungswort.

Es heißt Kanaan

Tipp:
Es war das Ziel der langen Reise durch die Wüste.

Station 3 Namenssuche – Wie soll er heißen?

Abraham liebte Gott und hörte auf ihn. Mit seiner Frau Sara und seinem Neffen Lot zog er in das fremde Land Kanaan.
Gott versprach auch Kinder und Enkelkinder, so zahlreich wie die Sterne am Himmel und der Sand am Meer.
Viele Jahre vergingen. Abraham und Sara waren schon alt geworden. Da bekamen sie endlich einen Sohn.
Gott hatte sein Versprechen gehalten.

Sara und Abraham danken Gott.
Sie freuen sich über die Geburt ihres Sohnes.

Wie sollen sie ihn nennen?

Diesen Namen geben sie ihm: ______________________________

Markiere ihn auch farbig in der Sprechblase!

Station 4 | Abrahams Weg – Von Ur über Haran nach Kanaan

Zeichne Abrahams Wanderung ein und male die Landkarte farbig an!

- ▶ Male Flüsse, Meere und Seen blau!
- ▶ Male die Wüsten gelb, das Bergland braun und das Grasland grün!
- ▶ Zeichne Abrahams Weg mit rotem Stift ein!

Station 5 | Mein Lieblingsbild aus der Abraham-Geschichte

- ▶ Male dein Lieblingsbild aus der Abraham-Geschichte!
- ▶ Gib dem Bild einen Namen!

Station 6 Das Abraham-Lied

Hier siehst du den Text und die Noten des Liedes.

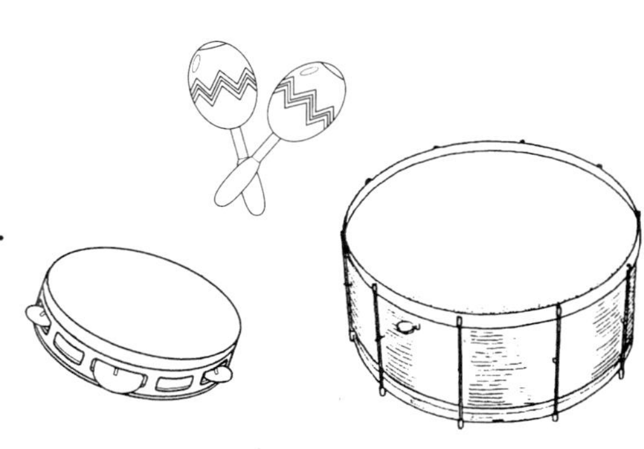

- Bildet Gruppen und übt das Lied ein!
- Begleitet es mit Klang- und Rhythmusinstrumenten.
- Könnt ihr Noten lesen und spielt jemand aus der Gruppe ein Instrument? Das wäre super.
- Nach dem Üben könnt ihr das Lied den anderen vorsingen und vorspielen.

Habt ihr schon gehört von Abraham 1. Mose 12,1–9

Habt ihr schon ge - hört von A - bra-ham, der aus Ur in Chal-

dä - a kam? Tau - send Mei - len musst' er rei - sen

in das Land, das Gott wollt' wei - sen. Tau - send Mei - len

zog er fort und sein Kom - pass war Got - tes Wort.

Juliane Linker: Abraham – Eine Weggeschichte aus dem Alten Testament · Best.-Nr. 080

Station 7 Würfelspiel: Abrahams Weg durch die Wüste

Für 2–6 Mitspieler
Ihr braucht einen Würfel und für jeden Mitspieler ein Plättchen oder Spielpüppchen in unterschiedlichen Farben.
Wer zuerst eine 6 würfelt, fängt an.
Wer erreicht als erster das Ziel?

Ereignisfelder:

1. Abraham verabschiedet sich und verlässt seine Stadt Haran.
   Reiche jedem Mitspieler die Hand und rücke **ein** Feld vor!
2. Sara, Lot und viele Knechte und Mägde ziehen mit.
   Rücke **zwei** Felder vor!
3. Die Wüste ist heiß.
   Mach eine Pause und setze einmal aus!
4. In der Ferne ist eine Oase.
   Lauf schnell hin und rücke **ein** Feld vor!
5. Immer wieder kommt es zum Streit der Hirten um die Wasserstellen.
   Geh um **zwei** Felder zurück!
6. Endlich! Das Land Kanaan ist zu sehen.
   Rücke **drei** Felder vor!
7. Wegen der streitenden Hirten müssen sich Abraham und Lot trennen.
   Setze einmal aus!
8. Gott spricht zu Abraham: Zähle die Sterne am Himmel.
   Würfele noch einmal!
9. Fremde besuchen Abraham. Abraham geht ihnen entgegen und lädt sie ein.
   Rücke **ein** Feld vor!
10. Isaak wird geboren. Alle freuen sich und lachen.
    Das Ziel ist erreicht!
    Das Zielfeld muss sonst passend mit der gewürfelten Zahl erreicht werden.

Das Blatt mit den Ereignisaufgaben liegt neben euch.
Wenn ein Mitspieler ein Ereignisfeld erreicht,
liest ein anderer Mitspieler laut dazu die Aufgabe vor.

Tipp:
Wenn mehr als drei Kinder mitmachen, muss das Spielfeld auf DIN A3 vergrößert werden, damit genug Platz zum Spielen vorhanden ist.

Viel Glück !

Station 7 Würfelspiel – Abrahams Weg durch die Wüste – Spielplan

Station 8 Seltsame Zeichen …

Die Seite für Dolmetscher und Wissenschaftler

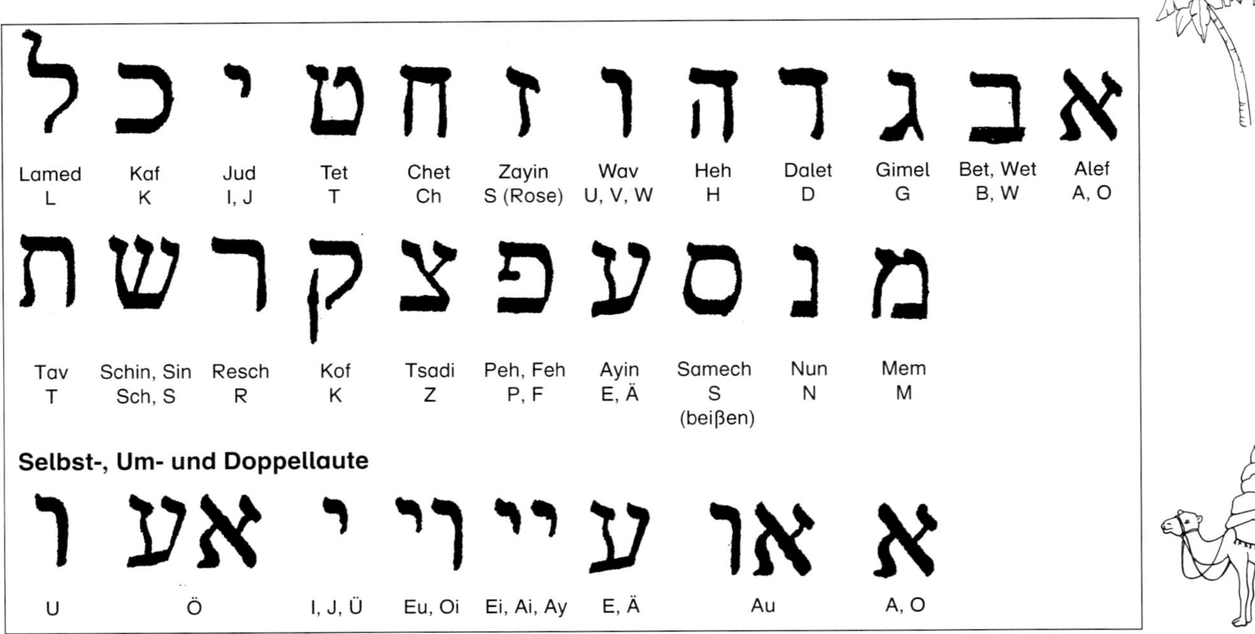

Diese seltsamen Zeichen sind Buchstaben. Es ist das **hebräische Alphabet** von Alef bis Tav. Aufgepasst! Du musst von **rechts nach links lesen**!
Unter den hebräischen Schriftzeichen stehen unsere arabischen Buchstaben: A B G E ….
Die Reihenfolge ist etwas anders, und einige hebräische Schriftzeichen können für mehrere Buchstaben stehen.

DOLMETSCHER AUFGEPASST!

Spiel 1:

Kannst du diesen Namen lesen? Schreibe unsere Buchstaben unter die hebräischen!

______ ______ ______ ______ ______ ______ ______ ←

Spiel 2:

Schreibe deinen Namen mit hebräischen Buchstaben auf und daneben mit unseren!
Denk daran: Hebräisch wird von rechts nach links geschrieben! ←

______________________ ______________________

Spiel 3:

Schreibe einen hebräischen Namen! Dein Partner soll ihn entziffern. Tauscht dann die Rollen!

______________________ ______________________

Viel Spaß und Erfolg!

Station 8 Seltsame Zeichen ... – Lösung

Die Seite für Dolmetscher und Wissenschaftler

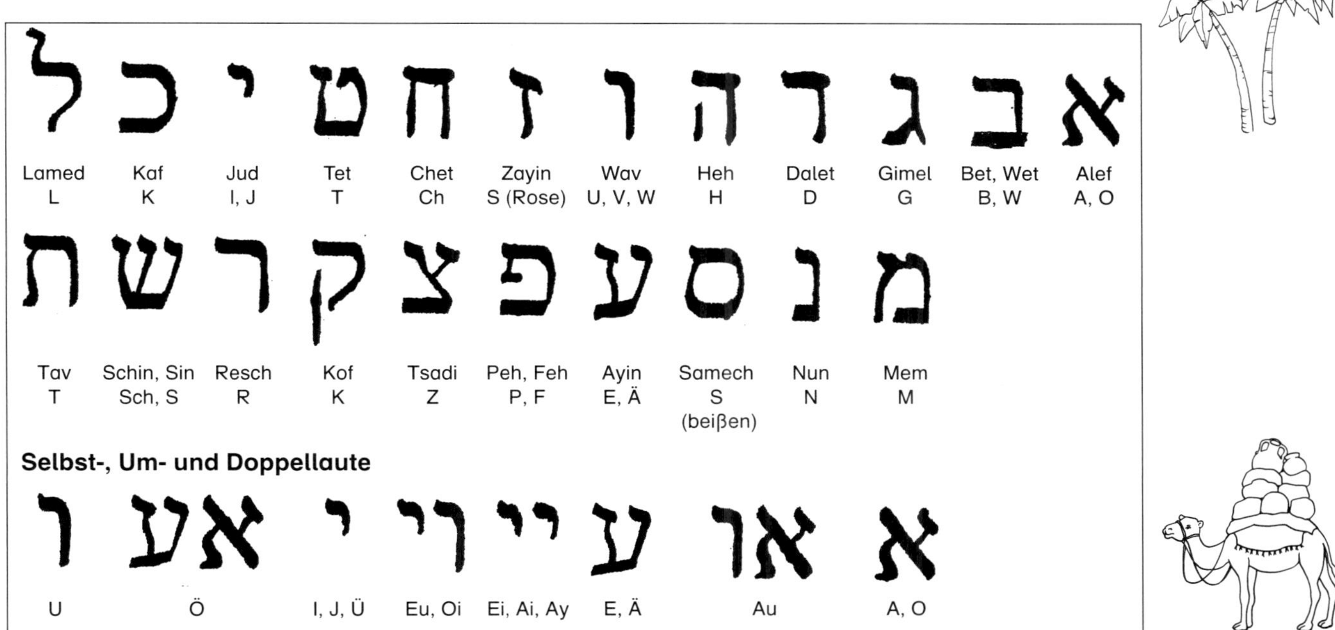

Diese seltsamen Zeichen sind Buchstaben. Es ist das **hebräische Alphabet** von Alef bis Tav. Aufgepasst! Du musst **von rechts nach links lesen**!
Unter den hebräischen Schriftzeichen stehen unsere arabischen Buchstaben: A B G E ....
Die Reihenfolge ist etwas anders, und einige hebräische Schriftzeichen können für mehrere Buchstaben stehen.

DOLMETSCHER AUFGEPASST!

Spiel 1:

Kannst du diesen Namen lesen? Schreibe unsere Buchstaben unter die hebräischen.

Spiel 2:

Schreibe deinen Namen mit hebräischen Buchstaben auf und daneben mit unseren!
Denk daran: Hebräisch wird von rechts nach links geschrieben!

Spiel 3:

Schreibe einen hebräischen Namen! Dein Partner soll ihn entziffern. Tauscht dann die Rollen!

Viel Spaß und Erfolg!

Station 9 Meine Reise durch das Leben

Ich heiße: ______________________ Ich bin geboren am ____________

In der Bibelgeschichte hast du erfahren, dass Gott Abraham und seine Familie auf seinem langen Weg begleitet hat.
Du bist noch sehr jung. Viele, viele Lebensjahre liegen vor dir. Deine Eltern und die Familie sorgen für dich und beschützen dich. Auch dein Vater im Himmel begleitet dich durch dein Leben.
Wo und wann hast du seine Nähe schon einmal gespürt? Konntest du mit ihm sprechen, vielleicht als du besonders glücklich oder traurig warst?
Male oder schreibe dazu!
Verbinde die Zahlen bis zu deinem Alter farbig und markiere besondere Erlebnisse!

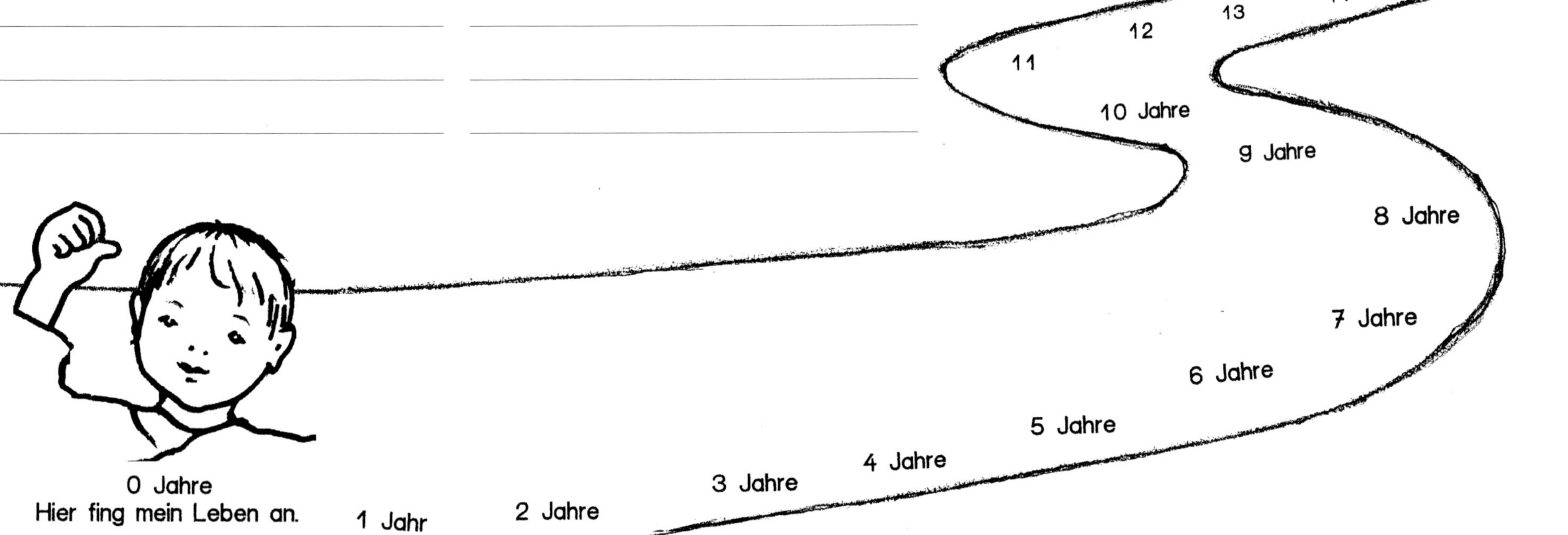

Bastelbogen/Tischgruppe 1

Kleine Schachteln mit den Abbildungen der Flachdachhäuser bekleben.
Häuser aus weißem Schuhkarton (alternativ)
Falttreppen aus Papier

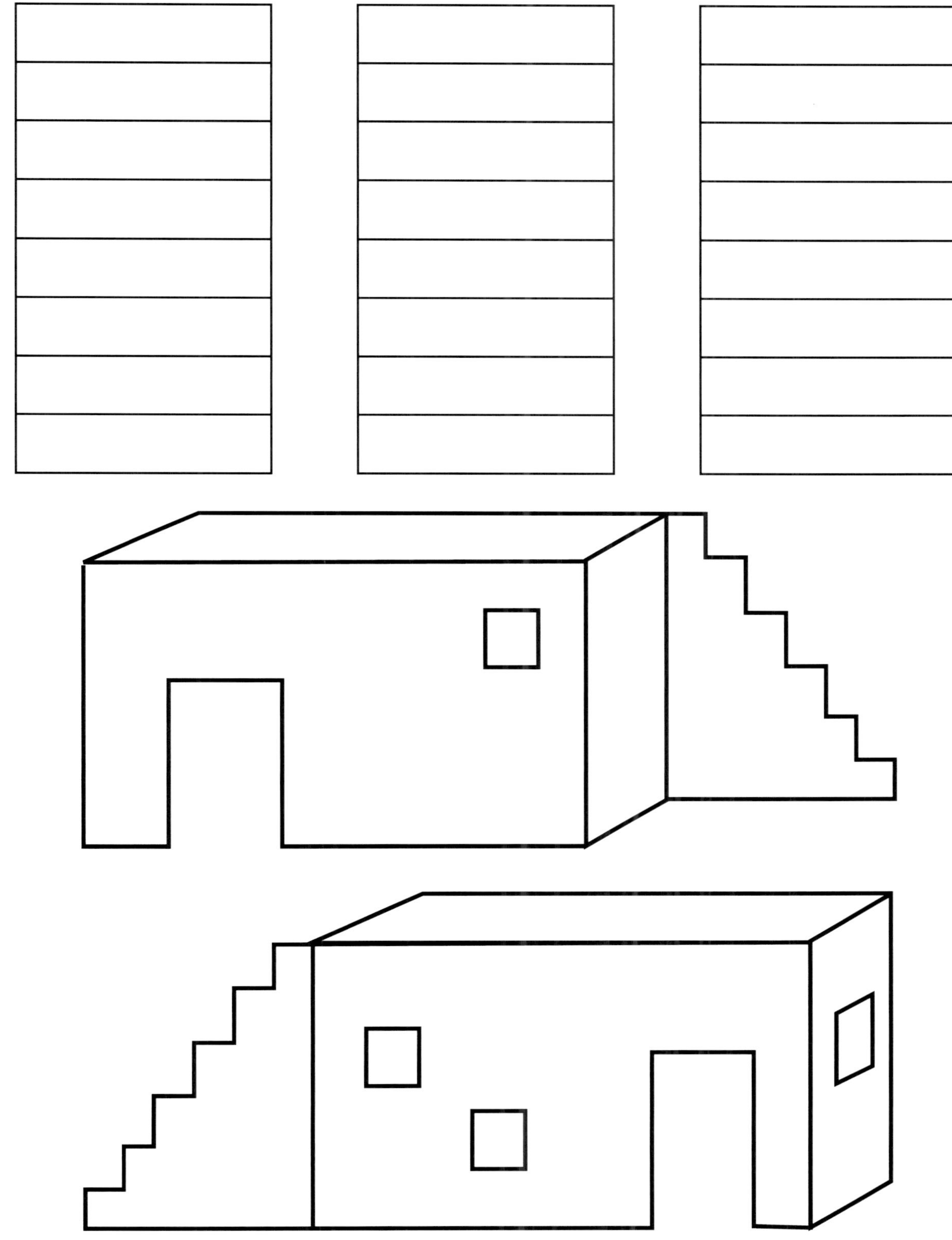

Bastelbogen/Tischgruppe 2

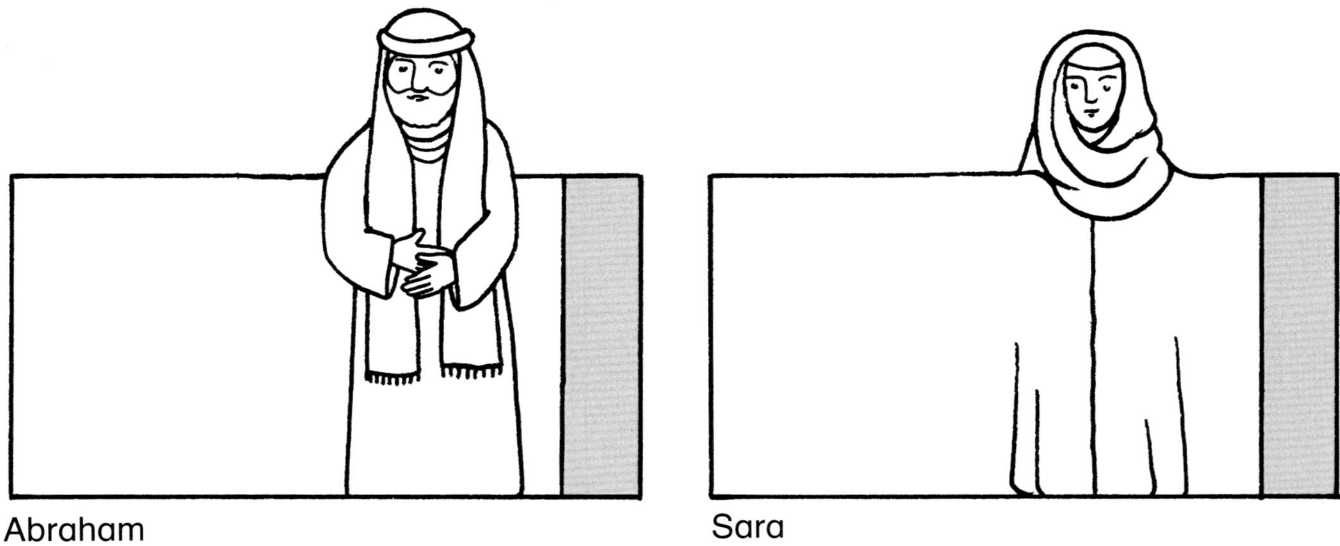

Abraham

Sara

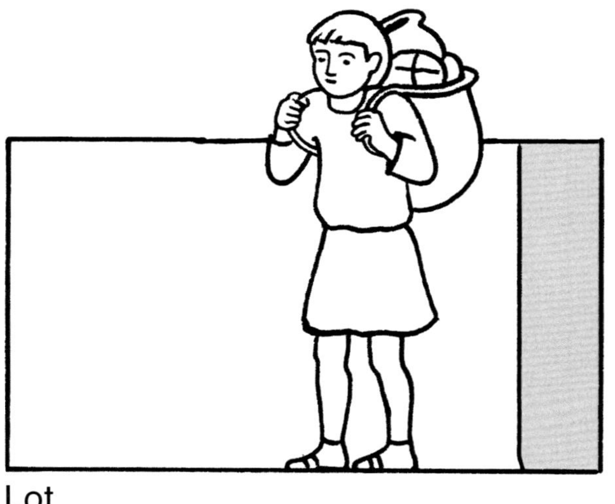

Lot

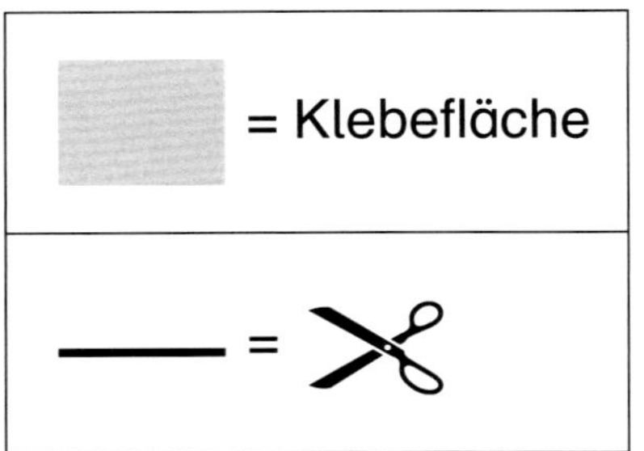

Brunnen

▶ Bemale und vervollständige die Figuren!

Bastelbogen/Tischgruppe 3

Hirten – Mägde

▶ Bemale und vervollständige die Figuren!

Bastelbogen/Tischgruppe 4

Kamel – Ziege – Schaf

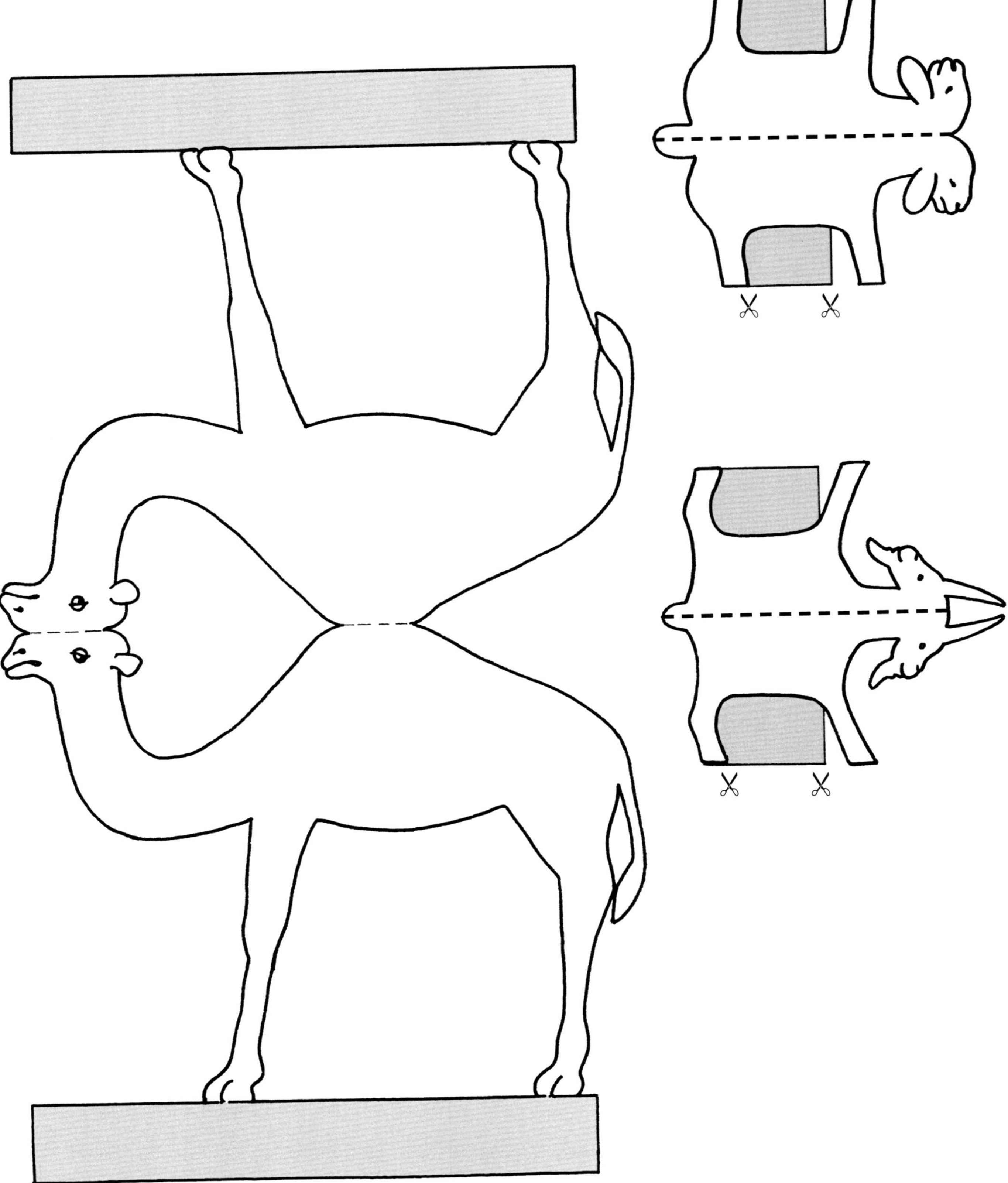

Bastelbogen/Tischgruppe 5

Zelt – Palme

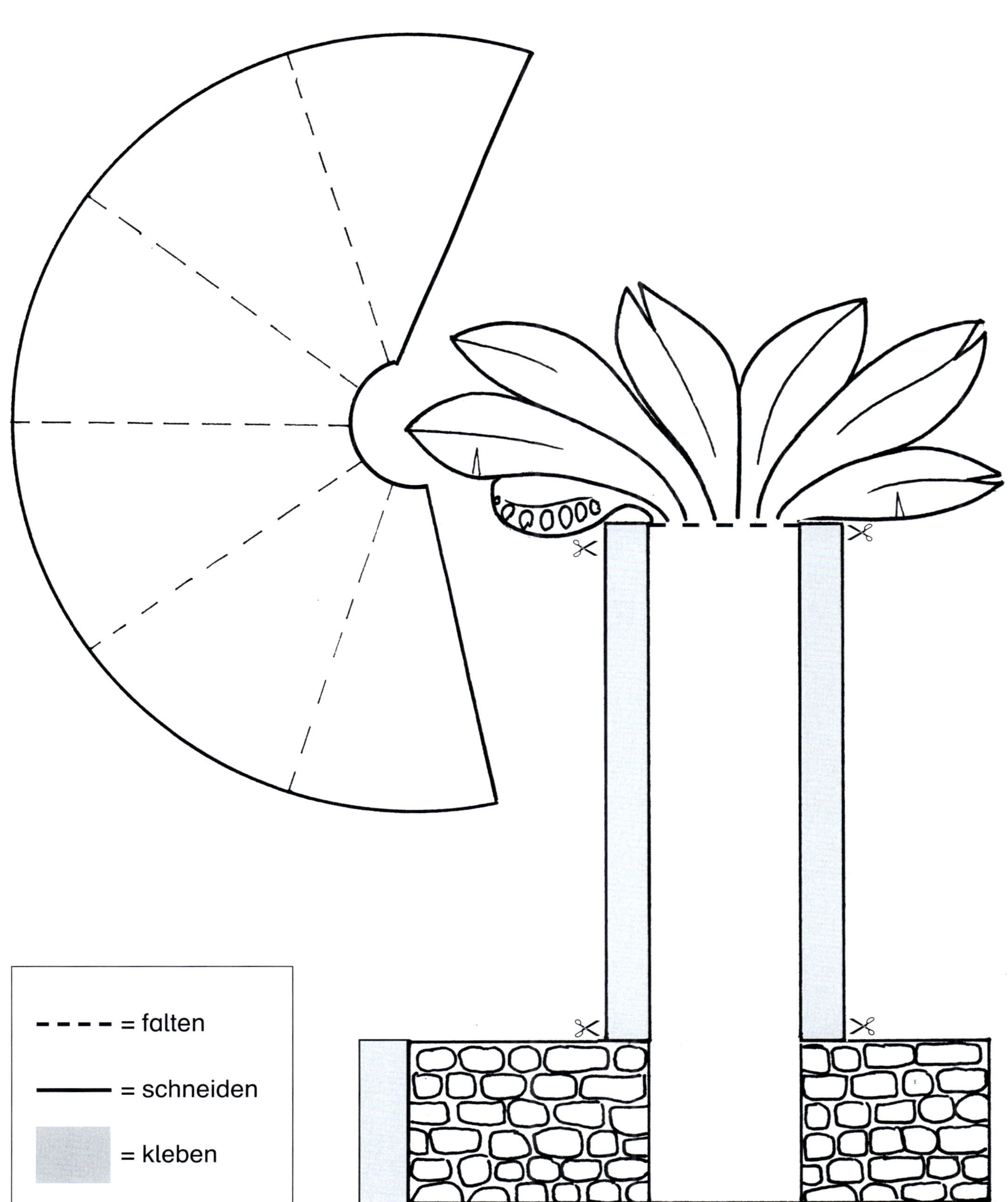

Namensschilder für die 6. Stunde

Haran

Wüste

Oase

Wüste

Kanaan

Jordan

Sodom

Gomorra

Isaak ist da

Symbol für die Lernstationen

Aktionsbild Kamel

Stabpuppen: Abraham, Sara, Lot

Stabpuppen: Hirte, Nachbar, Freund Abrahams

Sterne

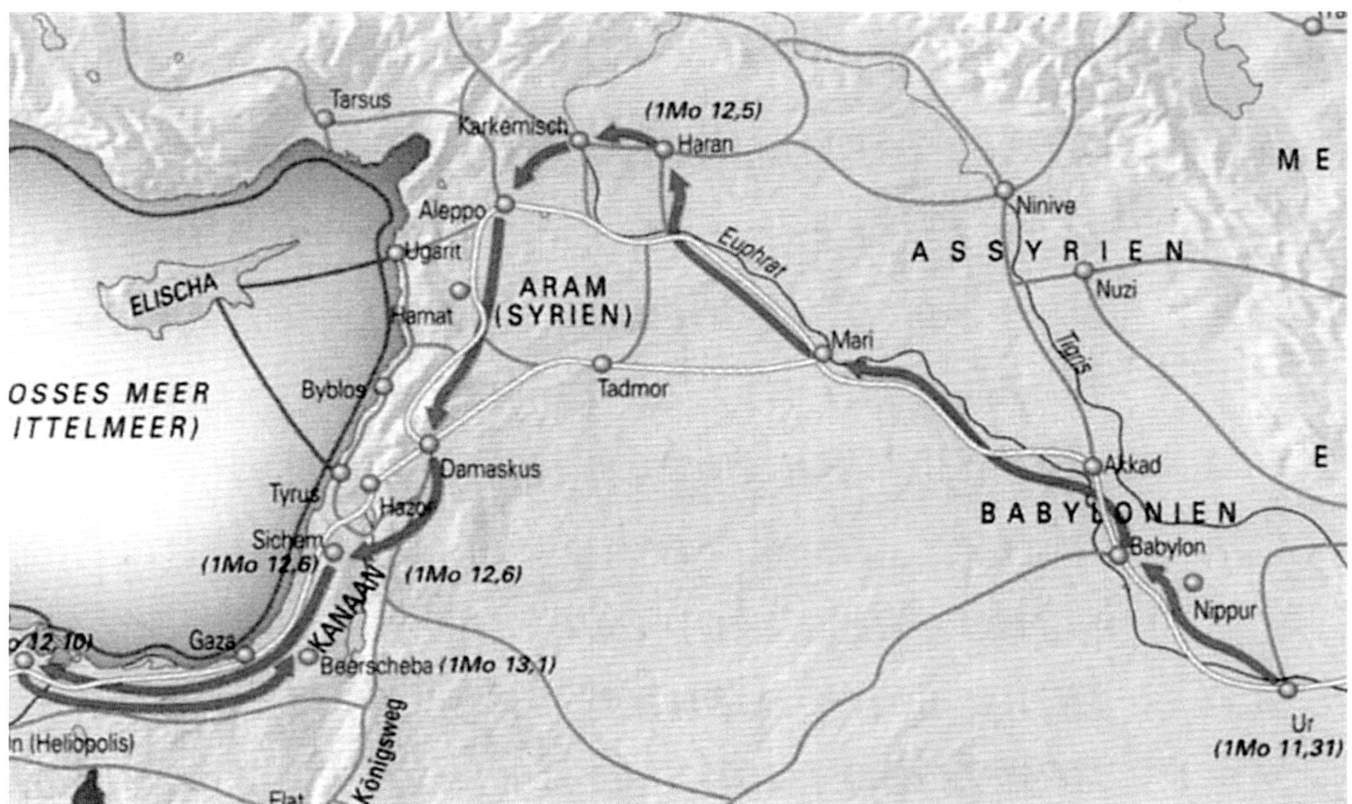

Abrahams Weg von Ur nach Beerscheba

Verheißung an Abraham, „Wiener Genesis“, Syrien um 550